THE SCIENCE CHRONICLE

COGNITA PER CURIOSITATEM
ESTD 2010

ABENTEUERLICHE REISE DURCH DIE GESCHICHTE DER WISSENSCHAFT UND INGENIEURSKUNST

Wissenschaftler macht Riesensprung

VON UNSEREM EUROPA-REDAKTEUR, Syrakus, Sizilien, um 250 v. Chr.

EIN EXZENTRISCHER griechischer Ingenieur wurde gestern beobachtet, wie er nackt durch die Straßen von Syrakus rannte. Dabei rief er „Heureka! Heureka!" – „Ich habe es gefunden!"

Der Wissenschaftler namens Archimedes begründete sein seltsames Verhalten damit, er habe die Lösung zu einem kniffligen Problem gefunden, um die ihn der König gebeten hätte.

König Hieron von Syrakus auf Sizilien hatte einem Goldschmied etwas Gold übergeben und ihn mit der Herstellung einer Krone beauftragt. „Als die Krone fertig war, verdächtigte Eure Majestät den Goldschmied jedoch, einen Teil des Goldes eingesteckt und durch billigeres Material ersetzt zu haben", berichtet Archimedes. „Der König beauftragte mich nachzuweisen, ob die Krone aus purem Gold ist oder nicht."

Archimedes sagt, ein Betrug des Goldschmieds wäre nur auszuschließen, wenn das ursprüngliche Gold und die neue Krone zweifelsfrei dasselbe Gewicht und Volumen haben. Ihr Gewicht *war* gleich. Doch wie, fragte er sich, ließe sich das Volumen einer solch unregelmäßig geformten Krone messen?

Die Lösung, so Archimedes, sei gestern wie ein Geistesblitz über ihn gekommen, als er gerade seinen Badezuber bestieg. „Ich sah, wie das Wasser überlief, als ich in den Zuber sank. Da erkannte ich: Ich messe den Wasseranstieg, wenn ich das Gold in den Badezuber lege, und vergleiche ihn mit dem Wasseranstieg bei der Krone. Die Ergebnisse sollten identisch sein."

Nach ersten Erkenntnissen war der Wasseranstieg jedoch unterschiedlich. Somit ist der Beweis erbracht, dass die Krone aus falschem Metall gefertigt wurde. König Hieron hat den Goldschmied verhaften lassen.
Archimedes, der berühmte Erfinder von Flaschenzug und Wasserpumpe, wird nun nicht als „Flitzer" gerügt, sondern als Held feierlich bejubelt.

Chinesische Mönche erfinden versehentlich explosives Pulver

VON UNSEREN KOLLEGEN AUS CHINA, um 800 n. Chr.

EINE AUSSERORDENTLICHE Entdeckung soll taoistischen Mönchen gelungen sein, auf der Suche nach einem Elixier, das der Menschheit unendliches Leben verleihen würde.

Für ihr Rezept der Unsterblichkeit sollen die Geistlichen Honig, Holzkohle, Realgar, Schwefel und Salpeter vermischt haben. Dabei kam es zu einer gewaltigen Explosion, die Verbrennungen an Händen und Gesichtern herbeiführte und Häuser zerstörte. Über die Schwere der Verletzungen ist nichts bekannt, es soll aber keine Tote geben.

Die friedliebenden Mönche experimentierten auf Anweisung des Kaisers, der, so heißt es, verzweifelt die eigene Unsterblichkeit anstrebt.

Details des Mönchrezepts liegen dem Militär inzwischen vor. Man beabsichtigt, das explosive Gemisch als „Schießpulver" für neue Waffen zu nutzen.

Nach Meinung der Experten hätte die neue Formel das Potenzial, die Welt zu verändern. Manche sagen voraus, seine immense Zerstörungskraft könnte sogar Kriege ein für allemal beenden, denn wer würde die Konfrontation mit einem Gegner suchen, der solch tödliche Feuerwaffen besitzt?

Andere wiederum befürchten schlimmste Folgen, sollte sich das Geheimnis um die Zubereitung des gefährlichen Pulvers tatsächlich in der ganzen Welt verbreiten.

Buch über Apparaturen in der Türkei publiziert

VON UNSEREM KLEINASIEN-KORRESPONDENTEN, 1206

EIN REVOLUTIONÄRES neues Buch mit fünfzig außergewöhnlichen Erfindungen, darunter Pumpen, Uhren, Roboter und Waschmaschinen, hat Ismail al- Dschazari veröffentlicht, Chefingenieur am Artuklu-Palast im Südosten der Türkei.

Detailreiche Zeichnungen illustrieren eine Vielfalt an wasserbetriebenen Geräten, wie eine Tee und Getränke servierende Kellnerin oder eine bewegliche menschengroße Puppe, die beim Händewaschen Seife und Handtücher reicht. Als Meisterwerk gilt die geniale Elefanten-Wasseruhr mit animatronischen Musikanten und Elementen, die für verschiedene Kulturen stehen: ein Elefant für Indien und Afrika, ein Drache für China, ein Phönix für Ägypten und ein Turban für den Islam.

Al-Dschazaris Abbildung einer „Kurbelwelle" in dem Buch des Wissens von sinnreichen mechanischen Vorrichtungen *halten Fachleute für wegweisend. Das Konstrukt aus Bolzen und Stangen wandelt eine rotierende in eine lineare Bewegung um.*

Diese innovative Kurbelwelle kann, durch Tierkraft angetrieben, eine Zweitaktzylinder-Wasserpumpe in Gang setzen und würde die Wasserversorgung der Bauern auf der ganzen Welt deutlich verbessern.

Man glaubt, dass viele außergewöhnliche Maschinen auf Basis von al-Dschazaris Kurbelwelle entwickelt werden, die eines Tages vielleicht sogar die Arbeit des Menschen ersetzen könnten. In der Tat beweisen al-Dschazaris Apparaturen den technischen Fortschritt im 13. Jahrhundert.

Italienischer Händler schreibt schwarze Zahlen

VON UNSEREM BÜRO IN ROM, Rom, 1202

EINE BRILLANTE Methode der Mathematik, die gerade veröffentlicht wurde, soll Handelsleuten und Bankangestellten künftig das Kalkulieren enorm erleichtern.

Der italienische Händler Leonardo von Pisa, auch Fibonacci genannt, ist Autor des *Liber Abaci* („Buch der Rechenkunst"). Darin erläutert und propagiert er ein Zählsystem, das hinduistische Mathematiker in Indien erfunden und arabische Händler übernommen haben.

Anstelle der römischen Zahlen – I, II, III, IV, V, VI, VII, VIII, IX, X, L, C, D und M – kommt das neue System mit einer Reihe von Ziffern aus: 1, 2, 3, 4, 5, 6, 7, 8 und 9. Höchst revolutionär ist die Ziffer „0" (sprich „null"), welche die Araber dem System hinzufügten. Laut Fibonacci hat Null keinen Wert, wird jedoch als Platzhalter eingesetzt, um verschiedene Größenordnungen anzuzeigen.

„Mit diesen neun Ziffern und mit dem Zeichen 0 kann man jegliche Zahl notieren", schreibt Fibonacci.

Im neuen Zahlensystem lassen sich traditionelle römische Zahlen im Tausenderbereich mit nur zwei Ziffern, 1 und 0, schreiben. MCMLXXXIV beispielsweise wird zu 1984 vereinfacht.

Das *Liber Abaci* erklärt außerdem, wie man mit den Ziffern auch Zahlenbrüche darstellen kann. Dies verbessert enorm die Genauigkeit und Flexibilität der traditionellen Methoden der Arithmetik, die auf den unzeitgemäßen Abakus angewiesen sind.

Fibonaccis Buch könnte mühsame Rechentätigkeiten, von der Buchhaltung über die Umwandlung von Maßen und Gewichten bis zur Zins- und Steuerkalkulation, revolutionieren.

Anhand einer Zahlengeraden aus negativen und positiven Zahlen, mit der Null in der Mitte, können auch Darlehen und Rückzahlungen leichter nachvollzogen werden.

Ein florentinischer Händler sagt, er würde nach der Lektüre des Buches komplett ohne seinen Abakus auskommen, während sein Kollege die traditionelle Rechenmethode lieber mag.

Welche Technik auch immer die Händler heute bevorzugen – das Rechenbuch von Fibonacci wird den Handel und das Gewerbe der westlichen Welt grundlegend verändern.

Neue Maschine druckt Wissen für alle

VON UNSEREM MEDIENREDAKTEUR, Mainz, Deutschland, 1450

DER GENIALE ERFINDER Johannes Gutenberg revolutioniert das Lesen in Europa. Mit seiner neuen Maschine – einer Druckerpresse – trägt er zur weiten Verbreitung von Büchern bei, die sich auch die breite Bevölkerung leisten kann.

Das Geheimnis seiner neuen Presse besteht in „beweglichen Lettern" aus Metall, die man beliebig austauschen und zusammensetzen kann. So lassen sich Buchseiten viel schneller vervielfältigen als mit herkömmlichen Methoden. Handschriftlich dauert das Kopieren durch einen Kopisten teilweise viele Monate und das bislang gängige Druckverfahren verwendet Holztafeln, in die eine komplette Buchseite geschnitzt ist. Jede Seite wird individuell gefertigt. Wenn ein nachlässiger Holzschnitzer einen einzigen Rechtschreibfehler macht, muss die gesamte Platte neu hergestellt werden.

Gutenberg sagt, Weinpressen aus der Weinbauregion nahe seiner Heimatstadt Mainz hätten ihm Ideen für die Bauweise seiner Druckerpresse geliefert. Mit einer riesigen Holzspindel wird die Tinte über einer Druckplatte auf die Seiten gepresst, sodass sie gleichmäßig bedruckt werden. Gutenbergs Erfindung versetzt Buchdrucker europaweit in Aufregung.

Die Erde dreht sich um die Sonne?

VON UNSEREM FACHREDAKTEUR FÜR ASTRONOMIE, Rom, 1633

DAS ERWARTETE päpstliche Urteil wurde nun tatsächlich über einen älteren italienischen Wissenschaftler gefällt. Er wird beschuldigt, die seit über eintausend Jahren geltenden Lehren der Kirche zu untergraben.

Die katholische Kirche hat den *Dialog über die beiden hauptsächlichsten Weltsysteme,* den Herr Galileo Galilei im vergangenen Jahr veröffentlichte, auf den unrühmlichen Index der Verbotenen Bücher gesetzt. Außerdem wurde der renommierte Wissenschaftler gestern wegen Verdacht der Ketzerei auf Anweisung des Papstes Urban VIII. unter Hausarrest gestellt.

Der Disput handelt davon, ob die Erde ortsfest im Mittelpunkt des Universums steht, was die Kirche seit jeher verkündet, oder ob – wie Galileo sagt – die Erde in Wahrheit um die Sonne kreist. Galileo hat diese außerordentliche Theorie aufgestellt, nachdem er mit einem von ihm weiterentwickelten Fernrohr experimentierte, womit entfernte Gegenstände dreißigfach besser zu erkennen sind als mit bloßem Auge.

Galileos „heliozentrisches" Modell, nach dem sich die Erde um die Sonne dreht, führt die Annahmen des Nikolaus Kopernikus fort. Der bekannte Astronom hatte die These erstmals 1543 in seinem Hauptwerk *Über die Umschwünge der himmlischen Kreise* formuliert, das 1616 ebenfalls auf den katholischen Index gesetzt wurde.

Galileo entdeckte mit seinem Fernrohr die vier Monde des Jupiter. Dies war für ihn der Beweis, dass Kopernikus richtig gelegen hatte. Wenn die Jupitermonde um Jupiter und nicht um die Erde kreisen, kann die Erde wohl kaum im Zentrum des Planetensystems stehen, vermerkt Galileo in seinem verbotenen Buch.

Katholische Würdenträger sind empört, denn in der Konsequenz bedeutet dies, dass die kirchlichen Lehren nicht korrekt sind. Aus diesem Grund stellten sie den Wissenschaftler unter ständigen Hausarrest. Er ist aufgefordert, seine Ansichten zu widerrufen.

Niederländer schwingt Pendel der Präzision

EINE NEUARTIGE UHR enthüllte gestern der niederländische Mathematiker und Physiker Christiaan Huygens, schreibt 1656 unser Fachredakteur für Horologie aus Amsterdam.

Herr Huygens sagt, sein Prototyp einer neuen Uhr mit Pendel würde den Ablauf der Zeit präziser messen als jedes bisherige mechanische Zeitmessgerät.

Der Hauptbestandteil seiner Erfindung ist das Pendel. Dieses besteht aus einem Gewicht, das an einer Stange hängt und hin- und herschwingt. Das Pendel folgt einer „natürlichen" Frequenz ohne Schub oder Zug.

Der Mechanismus ist äußerst effektiv und misst die Zeit mit einer Ungenauigkeit von unter einer Minute pro Tag. Aktuell gehen viele der bisherigen Uhren im selben Zeitraum fast 15 Minuten nach.

Herr Huygnes hofft, dass seine Pendeluhr eines Tages sogar an Bord eines Schiffes bei rauer See die Uhrzeit präzise messen wird. Derzeit funktioniert die Pendeluhr nur auf stabilem Untergrund.

Die Erfindung geht auf Galileo Galileis Forschungen über Pendel von vor rund zwanzig Jahren zurück. Galileo hatte entdeckt, dass die Schwingungsdauer unabhängig von der Schwingungsweite konstant bleibt – ein Phänomen, das man als Isochronismus bezeichnet.

Die Lerche braucht Luft!

Neue Experimente führen zu bahnbrechender Erkenntnis: Lebewesen können ohne Luft nicht überleben.

VON UNSEREM WISSENSCHAFTSREDAKTEUR, London, 1660

DER ALCHIMIST und Wissenschaftler Robert Boyle hat viele erstaunliche Experimente veröffentlicht, die er mit einem mysteriösen „pneumatischen Apparat" durchführte. Diese Vakuumpumpe, ursprünglich von einem Deutschen erfunden, hat Boyle für seine Zwecke verbessert, um die wundersamen Eigenschaften der Luft zu untersuchen, die uns alle umgibt.

Die Maschine pumpt Luft aus einer Glaskuppel und erzeugt ein Vakuum. Boyle testete die Auswirkungen eines Vakuums auf verschiedene Objekte, Tiere und sonstige Phänomene.

Bislang hat er z. B. herausgefunden, dass Kerzen und Kohlestücke in einem Vakuum nicht brennen. Für ein weiteres Experiment platzierte er eine Lerche unter der Glaskuppel und entdeckte, dass Tiere schnell ohnmächtig werden und sterben, wenn nicht umgehend wieder Luft zugeführt wird.

Für einige Fachleute werfen Boyles publizierte Ergebnisse mehr Fragen als Antworten auf. Seine Tierexperimente stützen zwar die Vermutung, dass Luft zum Überleben nötig ist, andere Beobachtungen hingegen haben selbst Herrn Boyle verblüfft.

In einem Experiment wird eine läutende Glocke in die Glasglocke gehängt. Je mehr Luft Boyle abpumpt, umso schwächer wird der Ton, bis er ganz verklingt. Boyle vermutet, dass Luft zwar unsichtbar, doch in irgendeiner Weise für die Verbreitung von Schall relevant ist. Auch hatte Boyle eigentlich erwartet, dass Kohle und Kerzen im Vakuum stärker brennen würden, da keine Luft den Brennvorgang behindern würde. Doch das Gegenteil ist der Fall. Herr Boyle hat noch keine Erklärung für dieses Phänomen. Er ist für seine Vorsicht bekannt und würde nie Theorien aufstellen, von denen er nicht vollständig überzeugt ist. Seine Untersuchungen sind jedoch jetzt schon ein großer Ansporn für die neue Generation von Wissenschaftlern.

Der Groschen fiel mit dem Apfel

„Der Apfel fällt aufgrund einer unsichtbaren Kraft zu Boden“, sagt ein Gelehrter

VON UNSEREM FACHREDAKTEUR FÜR INNOVATIONEN, Cambridge, England, 6. Juli 1687

WAS IST DER SINN des Lebens und des ganzen Universums? Seit jeher grübeln Philosophen, Mönche und Wissenschaftler darüber nach. Isaac Newton, ein Wissenschaftler aus Cambridge, England, hat nun eine neue Theorie entwickelt, als er einen Apfel zu Boden fallen sah.

Schon immer stellen sich Menschen Fragen zu den Geheimnissen des Universums. Warum bewegen sich die Planeten am Nachthimmel? Sind ihre Bewegungen zufällig oder steckt eine Logik oder Kraft dahinter?

In seinem gestern publizierten Werk *Principia Mathematika* liefert Newton eine Antwort. Die Bewegung jeglicher Körper – von einem zu Boden flatternden Blatt bis zu den Planeten im Weltraum – kann durch drei Gesetze der Bewegung erklärt werden, denen eine mysteriöse unsichtbare Kraft zugrunde liegt: die Schwerkraft.

Newton sagt, ihm sei die Erleuchtung im Sommer 1666 in Woosthorpe, Lincolnshire, gekommen, wohin er aus Cambridge geflüchtet war, als dort die Pest ausbrach. „Ich erkannte, dass ein Apfel aufgrund einer unsichtbaren Kraft zu Boden fällt – und dass es dieselbe Kraft war, welche die Planeten auf ihrer Umlaufbahn um die Sonne hält. So wie die Schwerkraft den Apfel zu Boden zieht, zwingt sie auch den Mond und die Planeten auf ihre Bahnen, sodass sie nicht ins Weltall davonfliegen.“

Laut Newton ist diese unsichtbare Schwerkraft allgegenwärtig und verhält sich überall im Universum gleich. Sie berechnet sich aus der Masse verschiedener Körper und aus dem Quadrat ihres Abstandes zueinander.

Newton formuliert drei Grundsätze der Bewegung: 1) Jeder Körper bleibt in Ruhe oder bewegt sich mit konstanter Geschwindigkeit, bis äußere Kräfte auf ihn wirken. 2) Die Beschleunigung eines Körpers verändert sich in direkter Abhängigkeit von der Kraft, die diese Veränderung hervorruft. 3) Besteht zwischen zwei Körpern eine Kraftwirkung, so sind diese Kräfte gleich und gegensätzlich. Mit diesen drei Gesetzen lässt sich die Bewegung sämtlicher Körper des Universums mit höchster Präzision bestimmen.

Neben seiner Schwerkrafttheorie ist Newton auch als Alchemist bekannt und hat ein Spiegelteleskop erfunden. Anhand eines Sonnenstrahls, den er durch ein Prisma lenkte, konnte er belegen, dass weißes Licht aus allen Farben des Regenbogens besteht.

Im Übrigen beansprucht Newton die Erfindung einer Rechenmethode für sich, mit der sich die Beschleunigung oder Richtungsänderung von Körpern exakt berechnen lässt. Der deutsche Mathematiker Gottfried Leibniz allerdings hält die sog. Infinitesimalrechnung für seine Erfindung.

Mittlerweile beziehen wissenschaftliche Kollegen und Studenten beider Gelehrten dazu Position. Die einen glauben Herrn Newton, der sagt, er habe die Methode in seiner Jugend entwickelt, jedoch nie veröffentlicht. Andere sind der Meinung, Newtons Idee entstamme einem früheren Werk von Leibniz.

Wie dem auch sei – die Methode erweist sich bereits jetzt als unverzichtbar für Berechnungen mithilfe der Newtonschen Gesetze.

Experten sagen, dass Newtons erstaunliche Theorie der Schwerkraft und sein innovatives Rechenprinzip ein neues Zeitalter der wissenschaftlichen Aufklärung einläuten.

Harrisons geniale Uhr muss sich auf hoher See bewähren

VON UNSEREM UHRENKORRESPONDENTEN, London, 1736

EIN AUTODIDAKTISCHER Uhrmacher aus Wakefield, England, ist gestern der Lösung des sog. Längenproblems ein großes Stück nähergekommen. Es geht darum, die Ost-West-Position, d. h. den exakten Längengrad von Schiffen, auf offenem Meer zu bestimmen.

John Harrison glaubt an seinen neuen „Marinechronometer“, da er damit kürzlich exakt die Position eines Schiffes auf hoher See bestimmen konnte.

Harrisons Lösung ist eine Uhr ohne traditionellen Pendel, um auf rauer See zuverlässige Messungen zu garantieren. Das Spezialinstrument berechnet den Längengrad, indem es die Abfahrtszeit des Schiffes vergleicht mit der Zeit des Ortes, an dem es sich gerade befindet. Letzteres wird durch den Stand von Sonne und Gestirnen bestimmt

Diese Art von Schiffsuhr findet breites Interesse, auch wenn Skepsis darüber herrscht, ob die Herstellung eines zuverlässigen Zeitmessers für die hohe See realistisch ist. Sogar der verstorbene große Isaac Newton hatte seine Zweifel, da nichts Geringeres als wechselnde Temperaturen, Feuchtigkeit, starke Winde und Schiffsschwankungen gemeistert werden müssen.

Anstelle eines Pendels verwendet Harrison ein speziell entworfenes System von Waagen. Zwei gleichgewichtige Waagschalen aus Messing tarieren die Bewegung der jeweils anderen Schale bei Schiffsschwankungen aus. Vor Kurzem konnte Harrison auf einer Fahrt von Portugal zurück nach England mit seinem genialen Instrument einen Navigationsfehler korrigieren und die exakte Uhrzeit der Ankunft des Schiffes vorhersagen.

Nun muss sich Harrisons Chronometer bei einer Atlantiküberquerung bewähren. Harrison bat die Regierung um Zuschuss für die Verbesserung seines Chronometers. Bei Erfolg winkt ein Preisgeld von 20.000 Pfund Sterling, das England zur Lösung des Längenproblems ausgesetzt hat.

Ein Ingenieur macht Dampf

EIN INGENIEUR aus dem schottischen Greenock hat ein revolutionäres Patent für eine neue Bauart der Dampfmaschine eingereicht, berichtet 1781 unser Fachkorrespondent für Neue Technologien.

James Watt heißt der Erfinder der spektakulären Maschine, die mit einem separaten Kondensator funktioniert. Sie steigert enorm die Effizienz der bisherigen Dampfmaschine von Thomas Newcomen, dem Pionier auf diesem Gebiet. Innovativ ist ein Schwungrad, das eine lineare in eine drehende Bewegung umwandelt. Dampfmaschinen sind jetzt überall einsetzbar – von der Baumwollproduktion bis zum Personentransport.

Anders als die herkömmliche, häufig im Bergbau zur Entwässerung eingesetzte Dampfmaschine, die mit einer Pumpe arbeitet, produziert das Watt'sche Schwungrad Rotationsenergie. Über eine drehende Stange ist das Schwungrad an der Maschine fixiert. Nach Meinung der Experten wird die Dampfkraft dank Watts Erfindung Einzug in die Fabriken halten und die industrielle Revolution weiter ankurbeln. Für die Leistung seiner Maschinen hat James Watt eine neue Maßeinheit eingeführt, die er „Pferdestärke" nennt, um sie mit der Kraft von Pferden zu vergleichen.

Der Mensch hebt ab, der Himmel rückt näher

Erster bemannter Höhenflug verspricht ein Zeitalter der Luftfahrt

VON UNSEREM REDAKTEUR FÜR LUFTFAHRT, Paris, 22. November 1783

EIN PHYSIKER und ein Offizier aus Frankreich waren gestern die ersten menschlichen Luftfahrer, die in einem Ballon abhoben, der nicht am Boden mit Seilen verankert war. Jean François Pilâtre de Rozier und der Marquis François Laurent d'Arlandes starteten im Westen von Paris. Nach einem spektakulären, 25-minütigen Ballonflug in 1000 Meter Höhe landeten sie rund 8 km entfernt vom Ausgangspunkt wieder wohlbehalten auf der Erde.

Vor diesem historischen Flug war zwei Monate zuvor testweise ein Ballon von dem Schloss Versailles aus gestartet. Um zu zeigen, dass kein Lebewesen in luftiger Höhe Schaden nahm, saßen ein Schaf, eine Ente und ein Hahn im Korb.

Die Brüder Joseph-Michel und Jacques-Étienne Montgolfier, zwei Papierfabrikanten von der Ardèche, stecken hinter der genialen Errungenschaft, Menschen in die Luft und wieder heil zurück zur Erde zu befördern.

Die Idee eines Ballons mit Heißluftantrieb soll Joseph Montgolfier gekommen sein, als er beobachtete, wie sich die Taschen seiner Hose aufbauschten, die er über einem Feuer trocknete.

„Ich überlegte mir, dass im Rauch eines Feuers ein spezielles Gas sein muss, das Objekte aufsteigen lässt", sagte er. „So sann ich über den Bau einer Maschine nach, mit der Menschen in die Luft fliegen könnten."

Nach vielen Experimenten und Fehlstarts gelang den Brüdern der Bau eines Ballons aus Seide, bestrichen mit Alaun, um ihn beständiger gegen Feuer zu machen. Er bestand den Testflug von Versailles mit Tieren an Bord.

Für den gestrigen bemannten Erstflug bauten die Gebrüder Montgolfier einen neuen, über 20 Meter hohen *Globe Aérostatique*. Goldene Tierkreiszeichen und Porträts von König Ludwig XVI. zieren diesen Ballon.

Unter den Zuschauern war auch der amerikanische Botschafter in Frankreich, Dr. Benjamin Franklin.

„Wir schauten dem außerordentlich majestätischen Aufstieg des Ballons zu", berichtete Franklin. „In etwa 75 Meter Höhe zogen die unerschrockenen Luftreisenden ihre Hüte zum Gruß. Da fühlten wir eine Mischung aus Ehrfurcht und Bewunderung."

In Gedenken an Lavoisier, den Vater der Chemie

Großer Verlust – Hinrichtung des bedeutenden Chemikers durch französische Revolutionäre.

ANTOINE LAVOISIER, einer der größten Wissenschaftler aller Zeiten, wurde gestern zum jüngsten Opfer der brutalen Guillotine, *schreibt unser Redakteur in Paris am 9. Mai 1794.*

Lavoisier ist für seine Untersuchungen von Luft berühmt. Er nannte die Luft „Oxygenium" (Sauerstoff) und bewies ihre bedeutende Rolle bei der Verbrennung und Atmung. Seine Entdeckungen widerlegen die bislang gültige Phlogiston-Theorie, nach der beim Erhitzen von Substanzen eine seltsame Substanz (Phlogiston) entweichen soll.

Auf Lavoisier geht auch die Entdeckung eines weiteren Gases zurück, dem er den Namen „Hydrogenium" (Wasserstoff) gab. Der Wissenschaftler wies nämlich nach, dass Wasser entsteht, wenn man dieses Gas mit Sauerstoff mischt und entzündet. Sein Experiment bringt Erstaunliches zutage: Wasser ist bei Zimmertemperatur flüssig. Es besteht aus Wasserstoff und Sauerstoff, die jedoch ihrerseits bei Zimmertemperatur gasförmig sind.

Lavoisier entwickelte auch eines der ersten Periodensysteme der Elemente sowie eine eigene Theorie zu Verbrennungsvorgängen, dargelegt in seinem Werk *Elementare Abhandlung über die Chemie.* Es bringt Experten weltweit zum Umdenken in Bezug auf die chemischen Elemente, auch wenn Lavoisier Widerstand von Vertretern der nun überholten Phlogiston-Theorie entgegenschlägt.

Als Wissenschaftler genoss Lavoisier vorbildliches Ansehen. Seine öffentlichen Ämter für die Krone des vorrevolutionären Frankreichs brachten ihm hingegen viele Feinde ein. Vom fanatischen Politiker Robespierre als Verräter verurteilt, wurde Lavoisier gestern tragischerweise mit der Guillotine hingerichtet.

Neugieriger Arzt entwickelt Schutz vor tödlichen Pocken

Experimente an Kind verhindern Ausbruch der Krankheit

VON UNSEREM MEDIZINISCHEN KORRESPONDENTEN, Berkeley, England, 1796

EIN ARZT IN ENGLAND hat medizinische Versuche an einem achtjährigen Jungen durchgeführt, auf der Suche nach einer Methode, um die Menschheit vor den Pocken zu schützen, der weltweit schlimmsten Krankheit.

Dr. Edward Jenner glaubt, dass seine neue Behandlungsmethode den Ausbruch der grausamen Pockenkrankheit stoppen kann, die Millionen von Menschen das Leben kostet. Die Sterberate unter den Infizierten ist erschreckend hoch.

Der in England praktizierende Dr. Jenner hatte beobachtet, dass Melkerinnen nur selten von der abscheulichen Krankheit heimgesucht werden. Er vermutete eine Immunität, die durch eine Infektion mit der milderen Form der Kuhpocken entwickelt wurde, und beschloss, seine Theorie zu testen.

Dr. Jenner wählte James Phipps, einen gesunden, achtjährigen Knaben, als Versuchsperson, was einige Kritik auslöste. Zum Glück – für das Kind und für Dr. Jenners Ruf – verlief der Test erfolgreich. Nach der Infizierung des Jungen mit Kuhpocken konnte Dr. Jenner zur großen Erleichterung nachweisen, dass der Junge gegen die tödlichen Pocken immun war. Mehrfach versuchte Dr. Jenner ihn mit Pocken zu infizieren, doch glücklicherweise ist die Krankheit nie ausgebrochen.

Dr. Jenner führte sein Experiment noch mit 32 weiteren Testpersonen durch, die alle gesund blieben. Den Beweis für den Erfolg seiner Immunisierungstechnik hat Dr. Jenner nun in einer Studie veröffentlicht. Er nennt seine Methode „Vakzination" (von lateinisch *vacca* – „Kuh" in Bezug auf das Material der milderen Kuhpocken). Sie soll die alte und weniger zuverlässige Immunisierungsmethode ersetzen, die unter dem Namen Variolation oder Inoculierung bekannt ist.

Bei der bisherigen Methode, die aus der Türkei nach Europa kam, werden einem unglücklichen Pocken-Infizierten etwas Eiter und Schorf entnommen und dem Impfpatienten in winzige Schnitte unter die Haut gerieben. Es ist jedoch riskant, da manche Patienten tatsächlich an Pocken erkranken. Bei Dr. Jenners Methode, so sagt er, bestehe dieses Risiko nicht.

Die Fachwelt ist begeistert und hofft, Dr. Jenners Methode auch gegen andere tödliche Krankheiten einzusetzen. Das Infizieren mit einer verwandten, aber weniger gefährlichen Krankheit „erzieht" möglicherweise unser Immunsystem.

Praktizierende Ärzte sind an dem Impfkonzept sehr interessiert. Einflussreiche Unterstützer und Dr. Jenners Experimente könnten seinen Traum, die Welt von den ansteckendsten Krankheiten zu befreien, bald Wirklichkeit werden lassen.

Rechenmaschine erleichtert die Mathematik

EINE MASCHINE, die eines Tages dem Menschen komplexe Berechnungen abnehmen könnte, wird gerade von einem Genie der Ingenieurskunst, Charles Babbage, gebaut, *berichtet unser Technologie-Redakteur aus London 1822.*

Gestern steuerte die britische Regierung 1700 Pfund bei, damit die Arbeit an dem Projekt beginnen kann. Die sogenannte Differenzmaschine soll Logarithmentafeln erstellen, ohne dass der Mensch eingreifen muss.

Logarithmentafeln sparen viel Mühe und Arbeitszeit, wenn umfangreiche Multiplikationen und Divisionen notwendig sind. Ingenieure beim Militär nutzen sie z. B. für die Berechnung der Flugbahnen von Munition, um präziser schießen zu können.

Babbage glaubt, dass Rechenmaschinen eines Tages mathematische Aufgaben vollautomatisch lösen.

Erfinder macht Maler bald arbeitslos

EINE NEUE TECHNIK, mit der exakte Bilder erstellt werden können, ohne zu zeichnen, zu malen oder zu gravieren, wurde in Frankreich entwickelt, schreibt unser Kunstredakteur aus Paris 1826.

Der französische Erfinder Nicéphore Niépce erstellte mit seiner Methode der „Heliografie" Bilder von der Umgebung seines Landguts im Osten Frankreichs. Vor vier Jahren versuchte Niépce auf dieselbe Weise ein Bild von Papst Pius VII. zu erzeugen, doch es wurde bei dem Versuch, Abdrücke davon zu machen, leider zerstört.

Die Heliografie („Sonnenzeichnen") nutzt Licht sowie ein Gerät namens „Camera obscura" – einen Kasten mit winzigem Loch an der Seite. Auf eine Metallplatte in der Camera Obscura wird „Asphalt", eine teerartige Substanz, aufgetragen. Licht fällt durch das Loch in den Kasten und wirft ein Bild auf die Platte im Inneren. Die vom Licht angestrahlten Stellen des Asphalts erhärten, der Rest bleibt weich und lässt sich abwaschen. Auf der Platte bleibt ein Bild aus „Licht und Schatten" zurück.

Sternenguckerin sieht mehr als die anderen

VON UNSEREM REDAKTEUR FÜR ASTRONOMIE, London, England, 1828

DIE KÖNIGLICHE ASTRONOMISCHE GESELLSCHAFT in England verleiht ihre höchste Auszeichnung, die Goldmedaille, an die renommierte Astronomin Caroline Herschel. Sie wird für ihre Entdeckung von Kometen und die Erstellung eines Sternkatalogs geehrt. Der Preis geht zum ersten Mal an eine Frau. Caroline Herschel ist im Übrigen die erste Frau mit einer offiziellen Stelle bei der britischen Regierung sowie die erste Frau, die für wissenschaftliche Arbeiten ein Gehalt bezieht.

Der Preis würdigt Frau Herschels Laufbahn als eigenständige Wissenschaftlerin, nach vielen Arbeitsjahren an der Seite ihres Bruders Wilhelm. Wie jeder heute weiß, ist der 1802 bei der Astronomischen Gesellschaft unter Wilhelms Namen veröffentlichte Sternkatalog in Wahrheit beinahe Carolines Werk. Der Katalog fügt den 2000 bisher bekannten Sternhaufen und Nebeln 500 neue hinzu.

Caroline Herschels einzigartiger, unabhängiger Beitrag zur Astronomie wurde schon vor Jahren gewürdigt. Als persönlicher Gast weilte sie eine Woche lang im Hause der königlichen Familie in Greenwich, London – König Georg III. und seine Gemahlin, Königin Charlotte, zeigten großes Interesse an der Wissenschaft.

Caroline Herschel kämpft zeitlebens gegen Vorurteile über berufstätige Frauen. Eine Bürde ist auch die als Zehnjährige erlittene Typhuserkrankung, die ihr linkes Auge schwächte und ihr Wachstum hemmte – sie misst nur 1,40 Meter.

Zum Glück sieht ihr rechtes Auge außergewöhnlich scharf. Ihre berufliche Laufbahn begann an der Seite ihres Bruders Wilhelm, dem sie zunächst nur assistierte. Ihre hohe Begabung für die Deutung und Beschreibung astronomischer Beobachtungen zeigte sich rasch. Vor allem konnte sie exzellent neue entfernte Objekte am Nachthimmel ausspähen. Dazu musste sie stundenlang auf einer Leiter ausharren, um die 6 bzw. 12 Meter hohen Spiegelteleskope am Observatorium nahe Windsor zu bedienen. Hier lebte sie bei Wilhelm mit dessen Frau Mary und Sohn John.

Caroline und Wilhelm Herschel sind in Hannover geboren, der Heimat von König Georg III. Über diese Verbindung kamen die Geschwister nach England.

Entdeckung zündet Revolution im Motorbau

MICHAEL FARADAY verblüffte diese Woche die Wissenschaft mit Experimenten, die er an der „Royal Institution" in London präsentierte, *berichtet unser Wissenschaftskorrespondent am 30. August 1831.*

Faraday zeigte, wie Elektrizität in einer Drahtspule entsteht, indem man einen Magneten hinein- und hinausschiebt. Bisher ist die Erzeugung elektrischer Ströme nur mithilfe der Volta'schen Säule gelungen, einer Art chemischer Batterie. Sie ist nach Alessandro Volta benannt, der sie im Jahr 1800 erfunden hat.

Die Idee, mit Magneten elektrische Ströme zu erzeugen, öffnet ungeahnte neue Möglichkeiten für die künftige Erzeugung von Elektrizität.

Faradays Experiment der „elektromagnetischen Induktion" folgt auf seine vor zehn Jahren an der Royal Institution enthüllte Entdeckung: Er brachte einen stromdurchflossenen Draht zur dauernden Rotation um einen Magneten – das Funktionsprinzip des Elektromotors.

Manche Experten glauben an das große Potenzial der beiden Phänomene. Elektrische Kräfte könnten viele Geräte antreiben, die heute mechanisch oder mit Dampf funktionieren.

Laut Herrn Faraday wird die elektromagnetische Wirkung, die er in seinen Experimenten vorführt, von „Kraftlinien" verursacht. Diese lassen sich mit Hilfe von Eisenfeilspänen sichtbar machen. Werden sie um einen Magneten gestreut, positionieren sie sich entlang der Kraftlinien.

Einige Fachleute tun sich aber noch schwer damit, dass eine unsichtbare Kraft ohne Masse solch starke Wirkung hervorrufen soll. Immerhin kennt man noch nicht das mathematische Prinzip, das diesem Phänomen zugrunde liegt.

Gemeinsamer Vorfahr für Mensch und Affe

VON UNSEREM NATURKUNDE-REDAKTEUR, Kent, England, 1859

EIN NEUES BUCH mit angeblichen Enthüllungen über die Zusammenhänge irdischen Leben hat Charles Darwin, Naturforscher aus dem englischen Kent, veröffentlicht.

Darwin stellt die erstaunliche Behauptung auf, dass alle Lebensformen auf gemeinsame Vorfahren zurückgehen. Auch der Mensch teile seinen Urahn mit dem modernen Affen!

In seinem Werk *Über die Entstehung der Arten durch natürliche Zuchtwahl* trägt Darwin vor, dass sich Lebensformen über viele Generationen hinweg entwickeln. Bei diesem Evolutionsprozess gedeihen die am besten angepassten Lebewesen, während die weniger gut angepassten schließlich aussterben.

„Aus einem so schlichten Anfang eine unendliche Zahl der schönsten und wunderbarsten Formen entstand und noch weiter entsteht", schreibt Darwin.

Kirchenhäupter sind entrüstet. Sie akzeptieren nicht, dass Menschen und Affen ein und denselben Vorfahren haben sollen. Laut Bibel ist die Welt nur 5000 Jahre alt und für Herrn Darwins „Evolution" bliebe gar nicht genug Zeit, lautet eines ihrer Argumente.

Erste Schule für Krankenpflege eröffnet

Kriegsheldin beweist durch eigene Statistik die wichtige Rolle der Hygiene für die Gesundheit

VON UNSEREM MEDIZINISCHEN REDAKTEUR, London, England, 1860

FÜR DIE PIONIERIN der Krankenpflege, Florence Nightingale, ging gestern ein Lebenstraum in Erfüllung, als die weltweit erste Ausbildungsstätte für Krankenpflege im Londoner St. Thomas Hospital ihre Tore öffnete.

Frau Nightingale ist für ihren großartigen Einsatz in einem Militärhospital bekannt. Als Leiterin des Schwestern-Teams besuchte sie sogar nachts die Patienten, die ihr den Namen „Lady mit der Lampe" gaben. Heute kämpft sie für die Verbesserung des Gesundheitswesens und genießt hohes Ansehen als exzellente Statistikerin.

Die Tochter einer betuchten britischen Familie fühlte sich instinktiv dazu berufen, ihren Wohlstand und Intellekt in den Dienst anderer zu stellen, sagt Nightingale. Während des Krimkrieges meldete sie sich 1854 freiwillig für den Einsatz in einem Militärkrankenhaus, wo sie katastrophale Zustände vorfand. Sie übernahm die Leitung von 53 Schwestern und Nonnen und erkannte die Wichtigkeit von Hygiene und Ernährung für das Überleben der Soldaten.

Ihre detaillierten Aufzeichnungen über Todesursachen übertrug sie in Kreisdiagramme. Sie veranschaulichen eine schreckliche Tatsache: Zehnmal mehr Soldaten starben durch Fehlernährung, schlechte Hygiene und mangelnde Bewegung als durch Kriegsverletzungen.

Im Krimkrieg (von 1853 bis 1856) standen britische, französische und osmanische Truppen Russland gegenüber und kämpften um die Kontrolle der Halbinsel Krim und die dortige Schwarzmeerküste. Erstmals berichteten Zeitungen über die fürchterlichen Bedingungen für die Soldaten und verbreiteten Nightingales Enthüllungen über den unnötigen Verlust von Leben.

Regierungsbeamte reagierten auf Nightingales Berichte und sandten ein vorgefertigtes mobiles Hospital an die Front, das der führende Ingenieur Isambard Kingdom Brunel entworfen hatte. Unter den neuen Freiwilligen war auch die schottisch-jamaikanische Mary Seacole. Sie versorgte die Soldaten an der Front und war eine große Unterstützerin von Nightingales lebensrettenden Bemühungen.

An der neuen „Nightingale School of Nursing" werden von nun an Schwestern aller Bevölkerungsschichten ausgebildet, während der Beruf bislang nur Frauen der Unterschicht vorbehalten war. Sie werden außerdem dort lernen, wie wichtig die Hygiene ist – eine der größten medizinischen Erkenntnisse aller Zeiten.

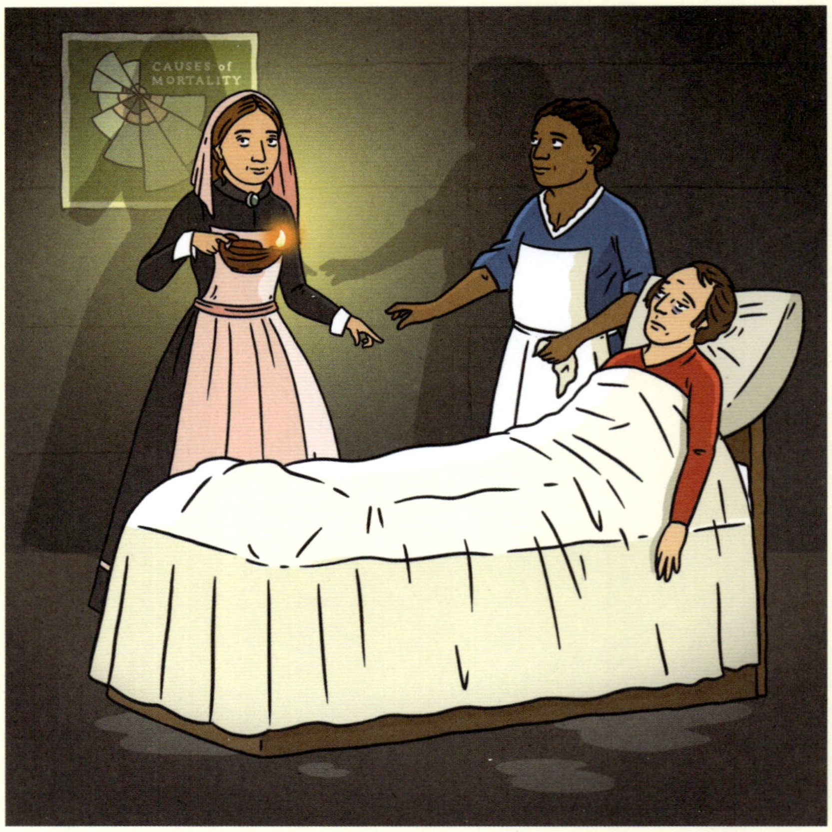

Sibirisches Genie sortiert die Elemente der Welt

VON UNSEREM RUSSISCHEN TEAM, St. Petersburg, 7. März 1869

EIN GENIALER CHEMIKER aus Sibirien hat gestern Nacht ein neues System enthüllt, wie sich die chemischen Elemente zuordnen lassen. Er sortierte sie gemäß ihrer Eigenschaften in eine Tabelle.

Bei der Arbeit am neuen Lehrbuch Prinzipien der Chemie *erkannte Dimitri Mendelejew wiederkehrende Muster unter den 63 bekannten Elementen. Die zündende Idee sei ihm gekommen, als er mit Karten eine Patience legte.*

Er ordnete alle Elemente nach steigendem Atomgewicht an. Dabei gelang es ihm, sie so platzieren, dass Elemente mit ähnlichen Eigenschaften untereinander stehen. Lücken in der Tabelle lassen auf die Existenz verschiedener Elemente schließen, die es noch zu entdecken gilt.

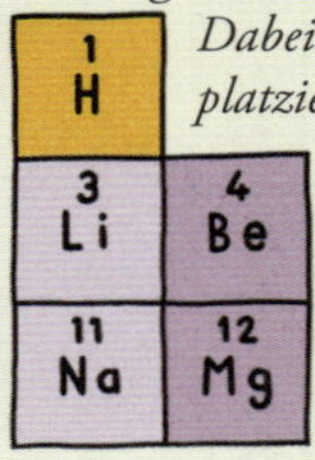

Die Eigenschaften und Verbindungen der fehlenden Elemente seien vorhersagbar, wenn man ihren Platz in der Tabelle betrachtet, glaubt Medelejew. Seine größte Inspiration habe er durch harte Arbeit erlangt. „Vergnügungen fliegen vorüber, sie sind nur für dich selbst", erklärt er. „Arbeit hinterlässt lange währende Freuden." Wissenschaftler sagen, Mendelejews „Periodensystem" würde zu einem grundlegend neuen Verständnis der Elemente führen.

Ferngespräche läuten die Zukunft ein

VON UNSEREM REDAKTEUR FÜR MEDIEN, Boston, 11. März 1876

FERNGESPRÄCHE zwischen Menschen weltweit werden vielleicht bald zur Realität, dank der Anstrengungen des Erfinders Alexander Graham Bell.

Das US-amerikanische Patentamt hat Bell das Patent für seinen Fernsprechapparat erteilt. Wenn Person A am einen Ende einer Telegrafenleitung in eine Maschine spricht, kann Person B es am anderen Ende der Leitung verstehen.

Gestern hat erstmals der Apparat funktioniert. Bell übermittelte eine Nachricht an seinen Assistenten, der im Nebenraum saß. „Ich schrie in das M [Mundstück] folgenden Satz: ‚Herr Watson, kommen Sie, ich will Sie sehen!' Zu meiner großen Freude kam er und sagte, er habe mich gehört und verstanden, was ich sagte."

Unterdessen kam es zum Disput zwischen Herrn Bell und Eisha Gray, einem Ingenieur aus Barnesville, Ohio. Dieser sagt, Bell habe ihm den Entwurf eines mit Flüssigkeit funktionierenden regelbaren Widerstands gestohlen. Damit lassen sich Schallwellen in elektromagnetische Signale umwandeln.

Die Anwälte beider Parteien streiten nun darüber, wer der eigentliche Erfinder des Telefons ist.

Schlauem Erfinder geht ein Licht auf

„Ich bin nicht gescheitert. Ich habe zehntausend Wege gefunden, die nicht funktionieren."

VON UNSEREM TECHNOLOGIE-REDAKTEUR, New York, 5. Sept. 1882

DIE UNERMÜDLICHE Entschlossenheit des Erfinders Thomas Edison machte sich gestern bezahlt, als er seine bisher größte Errungenschaft verkündete – ein privates Elektrizitätswerk, das 59 Haushalte in der Pearl Street in New York City mit Strom versorgt.

„Endlich habe ich keine Angst mehr, dass irgendwo Gas entweicht und uns alle im Schlaf umbringt", sagte gestern ein glücklicher Kunde.

Edisons zuvor erfundene elektrische Glühbirne lässt sich an dieses neuartige Stromnetz anschließen und soll künftig Kerzen und Gaslampen ersetzen. In seinem weltweit führenden Entwicklungslabor in Menlo Park, New Jersey, hatte Edison die revolutionäre Glühbirne vor drei Jahren öffentlich vorgestellt.

Edison genießt den Ruf eines äußerst beharrlichen Erfinders. Als ihn eines Tages ein Journalist provozierend fragte, ob er nicht endlich eine Glühbirne erfinden könne, die nicht jedes Mal explodiert, wenn sie am Stromnetz hängt, soll Edison gerufen haben: „Ich bin nicht gescheitert. Ich habe zehntausend Wege gefunden, die nicht funktionieren!"

Ehrgeiz und Beharrlichkeit haben Edison zahlreiche Erfindungen beschert. Dazu gehören beispielsweise der Quadruplex-Telegraf (er sendet mehrere Signale gleichzeitig über ein Telegrafenkabel), das Kohlemikrofon (es wird in Telefonen verwendet), eine haltbare, wiederverwendbare elektrische Glühbirne (mit verkohltem Bambusfaden), der Phonograph (zum Aufnehmen und Abspielen von Tönen) und der Börsenticker (zum Übermitteln von aktuellen Aktienkursen über Telegrafenleitungen).

Die von Edison vor vier Jahren gegründete Firma „Edison Electric Light Company" ist Eigentümer der vielen Patente. Mächtige Geschäftsleute in den USA, wie J. P. Morgan und die Vanderbilts, unterstützen Edison und sein Team finanziell, damit sie ihre elektrischen Träume weiterverfolgen können.

Elektrizität würde bald so wenig kosten, dass sogar muffige Talgkerzen teuer wirken, meint Edison. Der ambitionierte Erfinder und seine Ingenieure werden in Kürze die ganze Welt erleuchten.

Zwei Brüder heben ab

VON UNSEREM LUFTFAHRT-KORRESPONDENTEN, Kitty Hawk, North Carolina, 18. Dezember 1903

ZWEI BESITZER EINER Fahrradwerkstatt in Dayton, Ohio, führten gestern den ersten bemannten Flug einer Maschine der Bauart „schwerer als Luft" vor. In ihrem Versuchsflugzeug *Flyer* unternahmen sie vier Flüge von einer Dauer zwischen 12 und 59 Sekunden, jeweils mit sicherer Landung in Kitty Hawk, North Carolina.

Fünf Zuschauer waren Augenzeugen, als die bemerkenswerte Propellermaschine durch die Luft flog. Den innovativen Leichtmotor hat Charlie Taylor, Mechaniker in der Fahrradwerkstatt der Brüder Wright entworfen und gebaut.

Die Brüder Wilbur und Orville Wright haben die letzten vier Jahre in ihrer Fahrrad-Reparaturwerkstatt experimentiert und herausgefunden, wie sich ein Flugzeug mit einem Menschen an Bord antreiben und kontrollieren lässt. Als Inspiration dienten ihnen sogar der berühmte Renaissance-Künstler Leonardo da Vinci, der für seine detaillierten Zeichnungen futuristischer Flugmaschinen bekannt ist.

Zur Stabilisierung ihres Fluggeräts ersannen die Brüder die „Flügelverwindung". Der Mechanismus ahmt Vögel nach, die durch Anwinkeln ihrer Flügelspitzen die Richtung ändern. Über Seilzüge lassen sich die Enden der Tragflügel steuern. So ist das Flugzeug stabiler und findet nach einer Kurve wieder leicht in die Waagrechte zurück.

Drei Jahre lang unternahmen die Brüder Wright in Kitty Hawk heimliche Flugversuche mit selbstgebauten Gleitern. US-Beamte haben Interesse geäußert, sie sehen militärisches Potenzial.

Welt betrauert Heldin der Wissenschaft

VON UNSEREM FACHREDAKTEUR FÜR CHEMIE, Paris, 5. Juli 1934

MARIE CURIE zählt zu den bedeutendsten Wissenschaftlern der Welt. Gestern starb sie in einem Sanatorium im Südosten Frankreichs. Sie wurde 66 Jahre alt.

Curie hatte als erste Frau eine Professur an der Universität Sorbonne in Paris. Sie erhielt als erste Frau einen Nobelpreis und sie ist zudem die einzige Person, der jemals zwei Nobelpreise in verschiedenen Fachgebieten, Physik und Chemie, verliehen wurden.

Unvergessen bleibt die Forscherin für ihre Entdeckung der Elemente Radium und Polonium sowie für ihre Arbeit über Radioaktivität und deren Einsatz bei Krebsbehandlung. Sie starb an aplastischer Anämie, da sie vermutlich jahrelang mit radioaktiven Elementen gearbeitet hatte, bevor sie um deren Gefahren wusste.

Maria Salomea Skłodowska, 1867 im polnischen Warschau geboren, studierte dort an der geheimen „Fliegenden Universität", da Frauen das Studium an Warschauer Hochschulen verwehrt blieb.

24-jährig reiste Maria nach Paris, wo sie dem Physiker Pierre Curie begegnete. Sie heirateten 1885 und arbeiteten gemeinsam, bis 1906 Pierre von einem Pferdefuhrwerk überfahren wurde und zu Tode kam.

Die bescheidene Professorin hat Ehrungen stets abgelehnt und auf Patente für ihre Entdeckungen verzichtet. Der legendäre Albert Einstein sagte über die kluge Frau: „Madame Curie ist unter allen berühmten Menschen der einzige, den der Ruhm nicht verdorben hat."

Einstein warnt vor Wettlauf um die Atombombe

VON UNSEREM WISSENSCHAFTS-REDAKTEUR, New York, 12. Okt. 1939

DER WELTBERÜHMTE Physiker Albert Einstein hat in einem dringenden Brief an den Präsidenten der Vereinigten Staaten, Franklin D. Roosevelt, vor den schrecklichen Gefahren gewarnt, welche jüngste Forschungen über Atomkraft erkennen lassen.

Dr. Einstein und sein Kollege, Dr. Leó Szilárd berichteten dem Präsidenten von der Möglichkeit, dass feindliche Nationen eine Atombombe mit radioaktivem Uranium bauen könnten, die eine Zerstörung von nie dagewesenem Ausmaße anrichten würde.

Die beiden Wissenschaftler rieten dem Präsidenten, die USA solle mit dem bestmöglichen Team von Wissenschaftlern und Ingenieuren eigene Untersuchungen auf diesem Gebiet durchführen. Ihr Appell ist umso dringlicher, da man befürchtet, Deutschland könnte unter Hitler seine eigene Nuklearwaffe bauen. Das Kriegsgespenst geht um in Europa.

Besorgt hatten die Wissenschaftler die im Vorjahr in Berlin durchgeführten Experimente beobachtet, als zum ersten Mal der Prozess der Kernspaltung nachgewiesen wurde. Er ließe sich friedlich für die Produktion von Energie nutzen – oder für den Bau einer Massenvernichtungswaffe.

Der Prozess der Kernspaltung geht auf ein Naturgesetz zurück, das Einstein 1905 selbst entdeckte. Demnach sind Masse und Energie austauschbar. Jeder Form von Energie kann eine Masse zugeordnet werden und umgekehrt entspricht jeder Masse eine Energie.

Einstein erstellte die einfache Formel $E = mc^2$, also E (Energie) entspricht m (Masse) multipliziert mit c (Lichtgeschwindigkeit) im Quadrat. In Anbetracht der enorm großen Lichtgeschwindigkeit tragen sogar Objekte mit kleiner Masse immense Mengen an Energie in sich. Laut Einstein genüge die sandkorngroße Menge an Energie in einem Atom, um einen Topf mit Wasser 10 Milliarden Mal zum Kochen zu bringen!

Bei der Kernspaltung wird ein schwerer Atomkern mit Neutronen, d. h. elektrisch neutralen Teilchen beschossen und in zwei Teile zerlegt. Dies setzt mehr Neutronen frei, die wiederum neue Kernspaltungen auslösen können, sodass riesige Mengen an Energie frei werden.

Einstein konzentriert sich auf die Bereiche, in denen Isaac Newtons Gesetze an ihre Grenzen stoßen. Seine spezielle und allgemeine Relativitätstheorie über die grundlegenden Kräfte von Elektromagnetismus und Gravitation revolutionieren wissenschaftliche Denkweisen.

1921 erhielt Einstein den Nobelpreis für Physik für seine Erkenntnisse über den „photoelektrischen Effekt". Er erkannte, dass Elektronen aus einer Metallplatte austreten, wenn man die Platte mit Licht bestrahlt.

Man geht davon aus, dass Präsident Roosevelt die Warnungen von Dr. Einstein äußerst ernst nehmen wird.

Lange Rechnung geht endlich auf

WIE WÄRE ES, wenn uns ein Apparat jegliches Rechnen abnähme und dabei so klein wäre, dass er in unsere Hand passt? Einem Überlebenden des Zweiten Weltkriegs ist nach zehn Jahren Tüftelei tatsächlich die Konstruktion einer Taschenrechenmaschine gelungen, schreibt unser Fachredakteur für Technologie 1948.

„Curta" heißt das geistige Produkt des Wiener Maschinenbauers Curt Herzstark. Das geniale, zylinderförmige Gerät kann Addieren, Subtrahieren, Multiplizieren und Dividieren.

Herzstark hatte 1938 eine ähnliche Maschine patentieren lassen, doch der Ausbruch des Zweiten Weltkriegs unterbrach seine Arbeit. Er wurde verhaftet und in ein Konzentrationslager eingeliefert.

Während seiner Zeit im KZ zeichnete Herzstark die Skizzen für diese erstaunliche Rechenmaschine. Nach seiner Freilassung 1945 fand er in Liechtenstein die Möglichkeit, seine wegweisende Erfindung endlich zu produzieren.

Spiralförmig verdreht – die DNS birgt das Geheimnis unserer Einzigartigkeit

VON UNSEREM FACHREDAKTEUR FÜR MEDIZIN,
Cambridge, England, 26. April 1953

WISSENSCHAFTLER verkünden nach Jahren intensiver Forschung die Entschlüsselung eines der größten biologischen Rätsel. Die Rede ist vom chemischen Code, der in lebenden Zellen verborgen liegt. Der Name: Desoxyribonukleinsäure, kurz DNS.

Ein Experten-Team, darunter Dr. Rosalind Franklin und Dr. Maurice Wilkins, machte mithilfe der Röntgenkristallografie wichtige Entdeckungen zum Aufbau der DNS. Es war ein Röntgenbild von Dr. Franklin, das Dr. James Watson und James Crick die Struktur des Erbguts vor Augen führte.

Gestern veröffentlichten Watson und Crick, was sie über die Struktur des DNS-Moleküls herausgefunden haben. Die DNS gilt als Schlüssel, um die Evolution allen Lebens zu verstehen. Ein einzigartiges, von Eltern geerbtes DNS-Muster befindet sich in jeder einzelnen Zelle eines lebenden Organismus. So ist die DNS des Menschen Träger sämtlicher Erbinformationen, von der Augenfarbe bis zur Disposition für bestimmte Krankheiten.

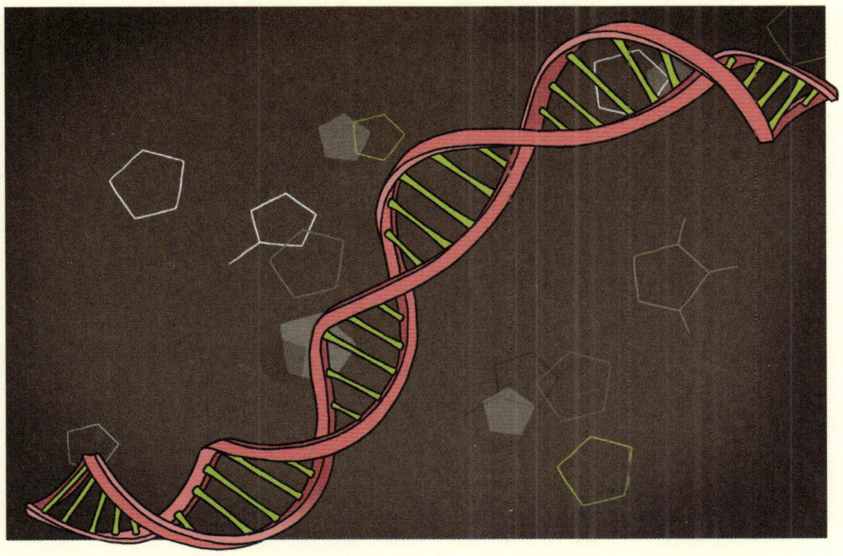

„Die DNS gilt als Schlüssel, um die Evolution allen Lebens zu verstehen."

Das von Watson und Crick entwickelte Strukturmodell für die DNS ist fundamental wichtig, um die Prozesse der Vererbung von Merkmalen zu verstehen. Ist die DNS-Struktur erst einmal bekannt, sagen Experten, werden wir eines Tages auch die DNS manipulieren können, um auf Erbkrankheiten Einfluss zu nehmen.

Mit Pappkärtchen, die ihnen als DNS-Bausteine dienten, knobelten Watson und Crick an der möglichen Anordnung der Molekülstruktur. Sie entdeckten, dass die DNS aus zwei langen, spiralförmig ineinander gedrehten Strängen besteht, „Doppelhelix" genannt. Die Reihenfolge der Bausteine eines DNS-Strangs ist der eigentliche genetische Code, der die Individualität jedes einzelnen Lebewesens bestimmt.

Die Medizin kann mit dem Wissen um die DNS-Struktur die Herkunft individueller Merkmale besser verstehen und potenziell auch Erbkrankheiten bekämpfen. Am Aufregendsten ist jedoch, dass die DNS endlich Licht in den Ursprung allen Lebens und die Milliarden Jahre währende Evolution bringen könnte.

Persönlicher Computer zieht zu Hause ein

VON UNSEREM REDAKTEUR FÜR NEUE TECHNOLOGIEN,
Boca Raton, Florida, 13. August 1981

DER WELTGRÖSSTE und erfolgreichste Computerhersteller hat gestern die Vermarktung seines allerersten Heimcomputers verkündet.

IBM (International Business Machines) hofft, dass sein neues PC-Modell 5150 die Einstellung der Menschen zum Computer revolutioniert. Er soll künftig eine viel größere Rolle im Alltag spielen.

1943 soll der damalige IBM-Chef Thomas Watson angeblich gesagt haben: „Da ist ein Weltmarkt für vielleicht fünf Computer." Heute verkauft seine höchst erfolgreiche Firma Tausende Computer weltweit. Der Fokus von IBM lag allerdings bisher auf „Großrechnern", die in der Lage sind, für große Unternehmen komplexe Kalkulationen und Vorhersagen durchzuführen.

Großrechner sind kostspielig und voluminös, um die sich Spezialisten kümmern und die oft einen eigenen Raum mit spezieller Belüftung benötigen. Der neue „Personal Computer" (kurz PC) hingegen wird ein nutzerfreundliches, gängiges Modell für den Hausgebrauch.

Der neue Apparat von IBM geht auf die Pionierleistung von Henry „Ed" Roberts zurück. Er hatte den weltweit ersten elektronischen Tischrechner entwickelt und 1974 mit dem Altair 8800 den ersten Mikrocomputer auf den Markt gebracht.

Der neue PC von IBM ist bei dem Preis von rund 1500 US-Dollar auch für Nicht-Computerfreaks erschwinglich und klein genug, um keinen Kellerumbau zu benötigen.

Im Vergleich zur konventionellen Schreibmaschine hat ein PC den großen Vorteil, dass sich Tippfehler einfach wieder rückgängig machen lassen. Außerdem kann man schnell viele Kopien mit einem Drucker ausdrucken.

Die größte Neuerung ist allerdings sein Betriebssystem, d. h. die Schnittstelle zwischen Anwender und Computer-Hardware. Das verwendete Betriebssystem namens MS-DOS wurde von dem Programmierer Bill Gates und seinem Team bei Microsoft so entworfen, dass Anwender es leicht nutzen können. Selbst ohne technische Kenntnisse lernt der Kunde schnell, den PC zu bedienen, und Entwickler können problemlos neue Software-Anwendungen schreiben.

Informatiker spinnt weltweites Netz

VON UNSEREM COMPUTER-REDAKTEUR, Genf, Schweiz, 7. August 1991

EIN SCHNELLES SYSTEM, mit dem man über das weltweite Computer-Netzwerk „Internet" Informationen veröffentlichen kann, hat der britische Physiker und Informatiker Tim Berners-Lee entwickelt.

„World Wide Web" (weltweites Netz) nennt sich das System, mit dem Texte und Bilder, die von verschiedenen Computern stammen, auf einer „Webseite" miteinander verknüpft werden. Gestern präsentierte CERN, die Europäische Organisation für Kernforschung an der französisch-schweizerischen Grenze, wo Berners-Lee beschäftigt ist, das neue Netzwerk.

Im März 1989 hatte Berners-Lee bei CERN das Konzept für ein neues System vorgestellt. Ursprünglich sollte es die Kommunikation und den Austausch von Forschungsergebnissen unter Kollegen vereinfachen.

Das World Wide Web nutzt ein Hypertext-System, das Webseiten über leicht navigierbare „Links" miteinander verknüpft. Es bietet viel mehr Möglichkeiten, als einfach nur Informationen zu ordnen. So könnte es eines Tages möglich werden, dass wir unsere Einkäufe oder Lieblingsmusik bequem vom Computer zu Hause bestellen.

Der Siegeszug des WWW startet von der neuen CERN-Webseite – der ersten Webseite der Welt. Wer Zugang zum Internet hat, kann diese anschauen unter: info.cern.ch

Hello, Dolly! Wissenschaftliche Sensation könnte gefährdete Arten retten

VON UNSEREM FACHREDAKTEUR FÜR TECHNOLOGIE, Edinburgh, Schottland, 23. Februar 1997

EIN TEAM von Wissenschaftlern an der Universität von Edinburgh verkündete gestern die Geburt des wohl außergewöhnlichsten Schafes der Welt. Dolly ist das erste gesund geborene, aus einer erwachsenen Zelle gezeugte Säugetier.

Beim Prozess des Klonens entsteht der Nachwuchs aus dem Erbgut von nur einem Elternteil. Im Unterschied zur geschlechtlichen Fortpflanzung, welches das Erbgut zweier Elternteile kombiniert, wurde Dolly „erschaffen", indem man das Erbgut eines erwachsenen Schafes der unbefruchteten Eizelle eines anderen Schafes zuführte.

Diese Eizelle wurde dann in die Gebärmutter eines dritten Schafes eingepflanzt. Technisch gesehen hat Dolly zwar drei Mütter, ihre Gene (DNS) stammen jedoch alle nur von einer.

Wissenschaftler wählten ein weißgesichtiges Finn-Dorset-Schaf als DNS-Spender und zwei schottische schwarzgesichtige Schafe für die Eizelle und die Leihmutter. Als Dolly mit weißem Gesicht zur Welt kam, wussten sie: Ihr Experiment war geglückt!

Klon-Pioniere zeigen: Der Mensch ist fähig, die kritischsten Prozesse bei der Entstehung von Lebewesen zu manipulieren.

Der sogenannte Zellkerntransfer ist allerdings schwierig. Zunächst saugen Wissenschaftler mit einer hauchdünnen Mikropipette den winzigen Zellkern einer adulten Zelle ab – in diesem Fall aus dem Euter. Mit diesem Zellkern, der die DNS enthält, impfen sie die Eizelle eines anderen Schafes, dessen Zellkern entfernt wurde. Kleine elektrische Impulse lösen den Entwicklungsprozess aus. Wenn der Embryo wächst, wird es in die Gebärmutter der Leihmutter eingepflanzt und ausgetragen. Hunderter Versuche hat es bedurft, bis Dolly als einziges Lamm gesund zur Welt kam.

Schon lange interessieren sich Wissenschaftler für das Klonen. Manche Tiere und Pflanzen, doch auch viele Bakterien produzieren auf natürliche Weise genetisch identische Nachkommen. Von Komodowaranen weiß man, dass gelegentlich Junge aus unbefruchteten Eiern schlüpfen. Eineiige Zwillinge beim Menschen sind im Prinzip auch natürliche Klone, da sie aus derselben befruchteten Eizelle mit identischer DNS stammen.

Erste Kerntransfer-Versuche gab es bereits 1928 mit amphibischen Embryonen. Das Experiment mit Dolly beweist jedoch, dass sich identische Klone aus gewöhnlichen Erwachsenenzellen entwickeln – ein Durchbruch, den Wissenschaftler seit Jahrzehnten anstrebten.

Die Fachwelt diskutiert, ob sich das Klonen für den Schutz gefährdeter Arten oder gar die „Wiederbelebung" ausgestorbener Arten nutzen ließe. Auch das „Züchten" menschlicher Organe für Transplantationen wäre denkbar. Ersatzorgane aus dem eigenen genetischen Material des Spenders würden seltener vom Immunsystem abgestoßen.

Fukushima: atomare Zukunft in Aufruhr

VON UNSEREM FACHREDAKTEUR FÜR KERNENERGIE, Fukushima, Japan, 11. April 2011

DIE NUKLEARKATASTROPHE im Kernkraftwerk Fukushima Daiichi wurde offiziell zum weltweit schlimmsten Atomunfall seit dem Unglück in Tschenobyl in der Ukraine erklärt, als am 26. April 1986 eine Explosion riesige Mengen radioaktiver Partikel in die Erdatmosphäre über Westrussland und Europa schleudert.

Mehrere Länder, auch Japan und Deutschland, wollen ihre Atompolitik langfristig überdenken, seit ein Erdbeben der Stärke 9 im letzten Monat die Ostküste Japans erschüttert und einen 12 Meter hohen Tsunami auslöst hat. Die gigantische Welle überflutete drei der sechs Atomreaktoren von Fukushima Daiichi und bewirkte den Austritt radioaktiver Schadstoffe. Experten meinen, die komplette Reinigung des Ortes könnte bis zu 100 Jahre dauern.

Erstmals wurde 1955 in Arco, Idaho, eine Stadt mit Kernenergie versorgt. Seither ist Atomkraft zu einer der wichtigsten Energiequellen geworden. Japan zählt zu den weltweit größten Nutzern von Atomkraft. Bis zur jüngsten Katastrophe produzierte es 30 Prozent seines Stroms in Kernkraftwerken.

Einige Fachleute plädieren für die Kernkraft, um den CO2-Ausstoß und die globale Erwärmung zu senken. Andere halten die Kernkraft für zu gefährlich. Die Entsorgung der Reaktoren am Ende ihrer Laufzeit ist teuer und es ist noch nicht geklärt, wie der radioaktive Müll sicher gelagert werden kann.

Stephen Tetlow, Leiter der „Institution of Mechanical Engineers" in London, sagt, das Unglück in Japan sei eine klare Botschaft an angehende Wissenschaftler und Ingenieure weltweit: „Wir brauchen dringend eine neue Generation kluger Köpfe, die das Wohlergehen von Erde, Leben und Menschen für die Zukunft sicher stellen."

Dein Essen liegt in der Petrischale!

Neue Technik ermöglicht Wissenschaftlern das Züchten von Fleisch im Labor. Manche Fachleute meinen, dies könne den Hunger in der Welt und den Klimawandel eindämmen

VON UNSEREM WISSENSCHAFTLICHEN FACHREDAKTEUR,
Amsterdam, Holland, 6. August 2013

WIE WÄRE ES mit einem gezüchteten Hamburger aus dem Labor? Gastronomiekritiker haben tatsächlich gestern einen „Frankenburger" getestet, den ein niederländisches Team von Wissenschaftlern komplett aus Kuhmuskelzellen gezüchtet hat.

Laut Aussage der Testesser habe der Burger zwar ziemlich wie Fleisch geschmeckt, war aber nicht so saftig, da er keinerlei Fettzellen enthielt. Einer sagte, er hätte ihn nicht von einem echten Burger unterscheiden können, wenn er es nicht gewusst hätte.

Doch weshalb wollen Wissenschaftler einen Retorten-Burger erschaffen? Projektleiter Dr. Mark Post ist der Meinung, die Labornahrung wäre eine Lösung für eine ganze Reihe globaler Probleme bei der Fleischproduktion. Es geht vor allem um die alarmierend große Menge an produziertem Fleisch weltweit und die Ineffizienz, mit der dies geschieht. Über 70 Prozent der nutzbaren Anbaufläche dienen zur Zeit der Viehzucht.

Die Tiere verbrauchen bei diesem Prozess mehr Nahrung, als sie für den Menschen produzieren, und sie trinken enorme Mengen an Wasser. Würde man die Fleischproduktion den Bauern abnehmen, so Dr. Post, dann wären Anbauflächen für Grundnahrungsmittel gewonnen, die hungernde Menschen wirklich benötigen – heutige und künftige Generationen würden satt werden.

Laborgezüchtetes Fleisch umgeht auch viele der ernsten Umweltprobleme im Zusammenhang mit der Fleischproduktion. Die für ihre „Abgase" berüchtigten Kühe produzieren ein Fünftel aller Treibhausgase wie Methan und CO^2, sie tragen somit zur Erwärmung der Atmosphäre und zum Klimawandel bei.

Die Hamburger von Dr. Post haben mit dieser Umweltproblematik nichts zu tun, denn sie werden direkt von Stammzellen unter Laborbedingungen gezüchtet. Außerdem muss auf diese Weise kein Tier getötet werden. Für die Fleischzüchtung nimmt man besondere Stammzellen aus der Kuhmuskulatur, die eine fast endlose Menge an gewöhnlichen Muskelzellen produzieren – aus einer einzigen Stammzelle entstehen viele Tausend Pfund Fleisch.

Während der Vermehrung der Muskelzellen sind sie an Ankerpunkten aufgehängt und fügen sich zu Muskelgewebe zusammen, als würden sie an einem Knochen hängen. Dies verleiht den Zellen die Fleischstruktur.

Laut Dr. Post ist es nur noch eine Frage der Zeit, bis die Produktion von Fleisch im Labor billiger und einfacher sein wird als Viehzucht auf der Weide.

„Eines Tages züchten wir daheim in unserem Küchen-Inkubator alles selber, vom Thunfisch bis zum Straußensteak", sagt er voraus.

Wasserfontänen auf dem Eismond Europa spornen Suche nach außerirdischem Leben an

VON UNSEREM WELTRAUMKORRESPONDENTEN,
Pasadena, Kalifornien, 26. September 2016

ERSTAUNLICHE BILDER vom Hubble-Weltraumteleskop zeigen Wasserdampf-Geysire, die am Südrand von Europa, dem sechsten Jupitermond, 200 Kilometer hoch ins Weltall schießen. Europa gilt schon lange als Top-Kandidat für die Existenz von außerirdischem Leben.

Europa ist ähnlich groß wie unser Mond, doch so weit von der Sonne entfernt, dass auf der Oberfläche Temperaturen von maximal -160° Grad herrschen. Europa besitzt chemische Elemente im Kern, Energie durch die Gezeiten und vor allem Wasser – alles, was für den Erhalt mikrobischer Lebensformen nötig ist.

Es ist angedacht, den Eispanzer des gefrorenen Ozeans zu durchbohren. Doch die technischen Schwierigkeiten, auf der Oberfläche von Europa zu landen und durch vielleicht mehrere Kilometer Eis zu bohren, sind enorm.

Die NASA beabsichtigt, in den 2020er-Jahren Raumsonden auf Europa zu senden, um den Mond zu erforschen. Dann könnte man auch von den Wasserfontänen Proben entnehmen, um zu sehen, ob sich in dem wässrigen Inneren des Planeten Leben befindet. Aufgrund der extrem starken Strahlung von Jupiter können Raumschiffe an Europa nur kurz vorbeifliegen. Dieselbe zerstörerische Energie würde sofort jegliches Leben in den Geysiren vernichten.

Mikroorganismen sind die wahrscheinlichsten Lebensformen in den Ozeanen von Europa. Je mehr über das Sonnensystem bekannt ist, umso mehr weitet sich die Suche nach Leben aus. Inzwischen sind die nahen Nachbarn der Erde, Mars und Venus, mit einbezogen.

Nicht nur auf Europa, sondern eventuell auch auf zwei anderen Jupitermonden könnten Ozeane sein: Callisto und Ganymede. „Ich will auf diesen Jupiter-Eismonden angeln gehen, vor allem auf Europa", sagt Neil deGrasse Tyson, Direktor des Hayden-Planetariums im New Yorker Naturkundemuseum. „Überall auf der Erde, wo flüssiges Wasser ist, ist auch Leben. Daher fragen wir uns: Ist Leben auf diesen Objekten?"

Eine Auswahl der Briefe potentieller Leser von einst

DRUCKERPRESSE—1450

Traditionelles Handwerk in Gefahr

MEIN GANZES LEBEN arbeite ich schon als Kopist und schreibe die große Weltliteratur ab. Ihr jüngster Artikel über die neue Technik des Buchdrucks von Herrn Gutenberg alarmiert mich. Ich bin zutiefst beunruhigt, wenn ich mir vorstelle, was diese Druckmaschinen für das Arbeitsleben vieler einfacher Leute bedeuten.

Davon werden nicht nur wir Kopisten betroffen sein, sondern auch die Viehbauern, deren Tierhäute wir zum Schreiben nutzen, und die Holzschnitzer, die Druckblöcke herstellen.

Sollen tatsächlich all diese Schicksale geopfert werden, nur damit Herrn Gutenbergs Maschine massenhaften Lesestoff produziert?

STERLING SKRIPTOR

Wissen für alle

MIT GROSSEM INTERESSE habe ich von Herrn Gutenbergs Druckerpresse gelesen – zweifellos die aufregendste Erfindung unserer Epoche. Wir leben in einer Zeit voller sozialer, wissenschaftlicher und theologischer Veränderungen und dank dieser neuen Maschine kann endlich jeder davon erfahren.

Als Mann der Wissenschaft wird dieses neue Gerät auch meinen Kollegen und mir helfen, unsere Ideen leichter zu entwickeln und veröffentlichen.

Ich kann mir gut vorstellen, dass bald überall in Europa ähnliche Druckerpressen in Betrieb gehen, sodass jeder die Möglichkeit erhält, seinen Horizont zu erweitern und ein besseres Leben zu führen. Ein großartiges Geschenk an die Menschheit!

SEBASTIAN WISSENSCHAFTLER

Wer liest, gewinnt

BEI DER LEKTÜRE Ihres Artikels über die neue Druckerpresse des Herrn Gutenberg überrascht mich, mit welcher Zuversicht Ihr Redakteur bereits die intellektuelle Revolution in Europa verkündet.

Nur ein kläglicher Teil der Bevölkerung kann überhaupt lesen, geschweige denn den Inhalt der vielen Werke verstehen, die bald gedruckt werden sollen. Unsere Gesellschaft sollte ihr Augenmerk auf verbesserte Bildung richten und zumindest ein schulisches Grundniveau für jeden anbieten, wenn sie tatsächlich will, dass wir alle lesen.

PAUL PROFI

DAMPFMASCHINE—1781

Verfluchte Maschinen!

BEI IHREM BERICHT über Herrn Watts neue Maschine wird mir angst und bange. Diese dampfgetriebenen Monster bedrohen unsere bestehende Gesellschaftsordnung. Sie zerstören das schöne Leben auf dem Land und zwingen einfache Menschen dazu, in trostlose neue Städte zu ziehen, um dort Arbeit zu finden.

Und wer profitiert von dieser neuen Entwicklung? Nur die Kapitalisten und Fabrikbesitzer. Auf uns Arbeiter kommen schwere Zeiten zu – lange Arbeitszeiten, schlechte Arbeitsbedingungen und tödliche Krankheiten wegen schlechter Hygiene. Die Löhne sind bereits gesunken, seitdem wegen der neuen Maschinen keine qualifizierten Handwerker mehr gebraucht werden. Die Regierung sollte dem unerbittlichen Vormarsch der Industrie Einhalt gebieten, bevor verärgerte Arbeiter zurückschlagen.

MICHAEL MISSMUTH

IMPFUNGEN—1796

Unschuldiger Junge in Lebensgefahr!

ALS LIEBEVOLLE Mutter bin ich entsetzt über die fragwürdigen Methoden von Dr. Edward Jenner, die ihm zu seinen jüngsten Erkenntnissen verholfen haben, insbesondere seine Wahl des kleinen Jungen als Versuchsperson.

Ich kann nicht nachvollziehen, warum er dieses lebensgefährliche Experiment nicht an sich selbst durchführte. Die einzige Antwort darauf scheint mir zu sein, dass er zu große Angst hatte, seine vagen Vermutungen würden sich als falsch herausstellen. Da riskierte er lieber das Leben eines Kindes.

Ich hoffe, dieses rücksichtslose Vorgehen wird in Wissenschaftskreisen nicht zur gängigen Praxis.

FIONA FUROR

Endlich ein Mittel!

DIE IMPFUNGEN von Dr. Edward Jenner, über die Sie berichtet haben, erfüllen mich mit großer Hoffnung. Ich bin gespannt, was wagemutige Wissenschaftler unserer Gesellschaft in Zukunft noch Gutes bescheren werden.

Ich finde, wir sollten Dr. Jenner für seinen unermüdlichen Einsatz danken, denn seine Entdeckung einer neuen Impftechnik wird das Leben so vieler Menschen zum Besseren wenden.

Dr. Jenner ging Risiken ein, jedoch mit Vernunft und Verstand, sodass er das Ergebnis richtig einschätzte. Sein innovativer Weg in der Medizin könnte Millionen Menschen das Leben retten.

DARIA DANK

EVOLUTION—1859

Wo ist der Beweis?

HERR DARWIN hat für seine kluge Theorie über die Anpassung der Lebewesen an ihre Umwelt gewiss ein Dankeschön verdient.

Doch vieles, was er sagt, klingt für mich nach reiner Spekulation. Herr Darwin beobachtet Unterschiede zwischen Arten und sagt, der Grund hierfür sei, dass sie an verschiedenen Orten leben, also sich „angepasst" haben. Aber welcher Mechanismus verursacht denn seiner Meinung nach, dass sich Lebewesen geheimnisvollerweise von der einen in die andere Art verwandeln?

Bevor er uns diese Frage beantworten kann – mit echten Beweisen – sollten wir seinen Worten noch nicht allzu viel Glauben schenken!

SELMA SKEPSIS

Darwin-Debatte vernünftig führen

NACHDEM ICH Ihren guten Artikel über das neue Buch von Herrn Darwin gelesen habe, kaufte ich mir sofort ein Exemplar im Buchladen um die Ecke und ich muss sagen, es ist unglaublich fesselnd. Eindeutig hat Darwin lange an seiner Theorie gefeilt und kann sie an vielen Stellen mit Beweisen untermauern.

Sein Werk ist für alle Bereiche, die sich mit der Vergangenheit und den Ursprüngen der Welt befassen, von immenser Bedeutung.

Für sämtliche akademische Disziplinen, von Biologie bis Philosophie, öffnet sie neue Horizonte. Doch klar ist auch, dass Darwins Theorien manchen Leuten ganz und gar nicht behagen.

Ich hoffe nur, dass jegliche Debatte mit Vernunft geführt wird, ohne sich auf althergebrachte Argumente zu berufen. Das haben die spannenden und kontroversen Theorien des Herrn Darwin verdient.

OCTAVIA OBSERVATIO

NOBELPREIS—1962

Entdeckung der DNS

MEINE GLÜCKWÜNSCHE gehen an James Watson, Francis Crick und Maurice Wilkins für ihren Nobelpreis für Physiologie oder Medizin.

Ihre Entdeckung der Struktur unseres Erbguts, der sogenannten DNS, ist vielleicht die größte biologische Erkenntnis seit Charles Darwins Evolutionstheorie.

Wenn die DNS jedes Einzelnen einmalig ist, bedeutet es, dass alles an einem Tatort Zurückgelassene, wie z. B. Hautgewebe oder Speichel, eines Tages bei der Identifizierung von Tätern behilflich sein kann. Dafür sollten die drei Genies eigentlich noch einen Zusatzpreis erhalten, finde ich!

EVERET B. ERNEST JR.

Untragbare Diskriminierung!

ES MACHT MICH WÜTEND zu lesen, dass Rosalind Franklin von dem Nobelpreis ausgeschlossen wurde, den ihre Kollegen Wilkins, Crick und Watson erhalten haben. Ohne Dr. Franklins Pionierarbeit der Röntgenkristallografie wüsste heute keiner, wie die DNS funktioniert, und die anderen drei hätten nie den Nobelpreis gewonnen!

Die Auszeichnung wird zur Farce, wenn sie essentielle Beiträge zum Nutzen der Menschheit würdigen will, jedoch den von Dr. Franklin ignoriert. Die Begründung der Nobelstiftung, Frau Franklin sei vier Jahre zuvor verstorben, ist schwach – das Komitee sollte sich schämen.

SAYLA SAUER

KERNKRAFT—2011

Atomkraft ist besser für den Klimawandel

WIR LERNEN ALLE aus der Katastrophe von Fukushima. Doch wer jetzt die Atomenergie umso mehr fürchtet, sollte nicht vergessen, dass die Zukunft der globalen Energieversorgung von praktischen Lösungen für unsere steigenden Bedürfnisse abhängt.

Der Strom aus erneuerbaren Energien reicht nicht für den riesigen weltweiten Verbrauch und die traditionellen fossilen Brennstoffe verschmutzen bekanntlich die Atmosphäre. Inzwischen erwarten wir mit Sorge den Augenblick, wenn alle unsere Kohle-, Erdöl- und Gasreserven entweder verbraucht sind oder ihr Abbau zu gefährlich wird.

Atomenergie ist der einzig gangbare Weg in die Zukunft, wenn wir noch schlimmere ökologische und soziale Katastrophen vermeiden wollen, die uns die Alterativen bescheren.

OLIVIA OPTIMISTA

Nein! zur Atomkraft

DIE FUKUSHIMA-KATASTROPHE sollte die ganze Welt wachrütteln. Anhänger der Umweltbewegung haben immer wieder darauf hingewiesen, welche Gefahren von der Atomkraft ausgehen. Auf der Suche nach Alternativen zu fossilen Energieträgern sollten die Regierungen auf erneuerbare Technologien setzen. Sie sind sicherer und nachhaltiger.

Die Kernkraft ist eine tickende Zeitbombe, die nur auf das nächste Unheil wartet. Es ist an der Zeit, dass die Welt ein für allemal ein klares „Nein" zu dieser gefährlichen Technologie sagt.

KENAN KEINESFALLS

FLEISCH AUS DEM LABOR—2013

Kunstfleisch gegen Hunger ist naiv

WIE NAIV IST Dr. Post? Glaubt er tatsächlich, seine „Burger-Wissenschaft" würde das globale Hungerproblem lösen können? Seit Urzeiten ist die Menschheit von Hungersnöten geplagt und der Wissenschaft gelingt es trotz zahlreicher Anläufe nicht, die am stärksten vom Hunger bedrohten Länder zu retten.

Wenn wir auf eine wissenschaftliche Neuerung warten, vernachlässigen wir die eigentlichen Ursachen des Problems und vergessen die ungeahnten Folgen für unsere eigene Gesundheit. Wir müssen die landwirtschaftliche Entwicklung weltweit ankurbeln, korrupte Regierungen bekämpfen und für eine stärkere Unterstützung durch reichere Nationen werben.

AHMED AGRIKULT

Kann es kaum erwarten!

ICH STEHE BESTIMMT ganz vorne in der Schlange, wenn die Frankenburger Bar aufmacht, denn ich kann es kaum erwarten, eine von Dr. Posts Fleischkreationen zu probieren!

Mit genügend Unterstützung könnte dieses laborgezüchtete Fleisch Hungersnöte auslöschen und die Umweltkatastrophe abwenden. Ich fände es herrlich, in keinem Lebensmittelladen mehr Fleisch kaufen zu müssen und mir mein Abendessen daheim selber zu züchten!

FREYA FLEISCHER

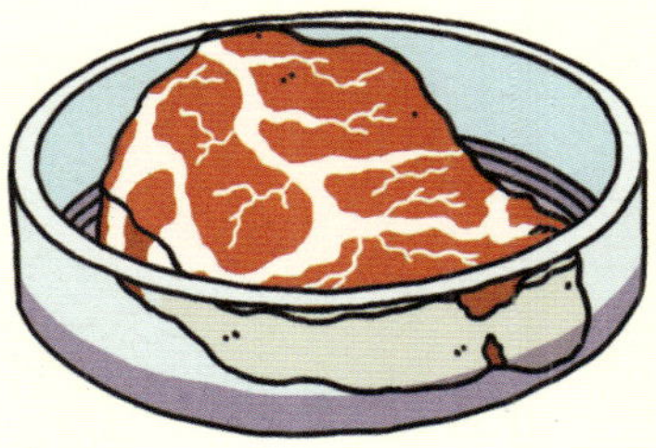

Wie viele knifflige Fragen über Wissenschaft und Ingenieurskunst kannst du richtig beantworten?

MATHEMATIK & MASSEINHEITEN

1. Babylonische Mathematiker erfanden ein Zahlensystem, das auf folgender Zahl basiert:
a) 5
b) 10
c) 20
d) 60

2. Euklid ist berühmt für seine Beschreibung welcher mathematischer Disziplin?
a) Algebra
b) Calculus
c) Arithmetik
d) Geometrie

3. Der italienische Händler Leonardo von Pisa hat was nach Europa importiert?
a) Den Kompass
b) Die arabischen Zahlen
c) Den Abakus
d) Orangen

4. Welcher Schachcomputer schlug den Schachweltmeister Garry Kasparow?
a) True Blue
b) Big Blue
c) Blue Brother
d) Deep Blue

5. Pierre de Fermat und Blaise Pascal legten die Grundlagen der Wahrscheinlichkeitsrechnung durch:
a) Würfeln
b) Münzen werfen
c) Pfannkuchen schleudern
d) Roulette spielen

6. Wer entwickelte Colossus, den weltweit ersten speicherprogrammierbaren Digitalrechner?
a) Alan Turing
b) Albert Einstein
c) Tommy Flowers
d) James Chadwick

7. Welche Maßeinheit definiert, dass Wasser bei 100 Grad kocht und bei 0 Grad gefriert?
a) Celsius
b) Fahrenheit
c) Kelvin
d) Richter

PHYSIK & CHEMIE

8. Chinesische Mönche versuchten, ein Mittel für die Unsterblichkeit zu finden, und entdeckten dabei:
a) Schießpulver
b) Chilipulver
c) Currypulver
d) Puddingpulver

9. Welcher Wissenschaftler erhielt zwei Nobelpreise?
a) Marie Curie
b) Florence Nightingale
c) Ada Lovelace
d) Rachel Carson

10. Wie lautete der Codename der ersten getesteten Atombombe?
a) The Inspector
b) The Gadget
c) The Trinity
d) The Daisy

11. Das Higgs-Boson ist ein Elementarteilchen, das verantwortlich sein soll für:
a) Schwerkraft
b) Masse
c) Elektrizität
d) Licht

12. Friedrich Wöhler, Pionier der organischen Chemie, war berühmt für die Synthese welcher natürlichen Substanz?
a) Nikotin
b) Aspirin
c) Penicillin
d) Harnstoff

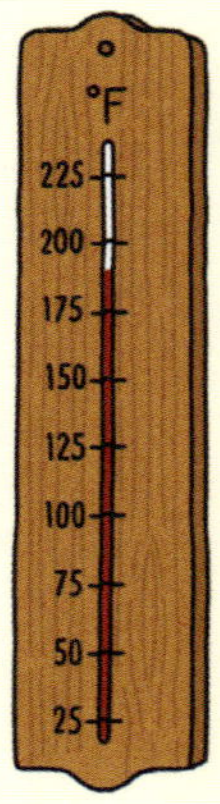

13. William Whewell prägte den folgenden englischen Begriff:
a) Scientist
b) Technician
c) Engineer
d) Geek

14. Wofür wurden Leidener Flaschen manchmal eingesetzt?
a) Zur Behandlung des Grauen Star
b) Zur Aufbewahrung von Blut beim Aderlass
c) Zur Blutstillung während der Operation
d) Zur Gabe elektrischer Stromschläge an unartige Bedienstete und Kinder

MEDIZIN & BIOLOGIE

15. Was gehört laut der alten griechischen Krankheitslehre NICHT zu den vier Körpersäften?
a) Blut
b) Galle
c) Wasser
d) Phlegma

16. Alexander Fleming erkannte die antibakterielle Wirkung von *Penicillium*, nachdem ...
a) er seine Petrischalen nicht gewaschen hatte.
b) er eine Schachtel mit Fußpuder umwarf.
c) er unerlaubt halluzinogene Pilze züchtete.
d) er auf einen Würfel Bierhefe nieste.

17. Der Italiener Evangelista Torricelli erfand ein einfaches Messinstrument. Welches?
a) Thermometer
b) Barometer
c) Kompass
d) Rechenmaschine

18. Welche der folgenden Aussagen über die pH-Skala ist FALSCH?
a) Substanzen mit pH-Wert < 7 sind sauer.
b) Substanzen mit pH-Wert > 7 sind alkalisch.
c) Die pH-Skala ist linear, nicht logarithmisch.
d) Die Farbe für sehr saure Substanzen ist Rot.

19. Welches Tier platzierte Robert Boyle in seine Vakuumpumpe, um zu sehen, ob es ohne Luft überleben würde?
a) Lerche
b) Taube
c) Rotkehlchen
d) Dodo

20. Welche Blutgruppe hat der Biologe Karl Landsteiner aus Österreich NICHT identifiziert?
a) A
b) B
c) O
d) R

21. Für welche Pionierleistung ist der Physiker Joseph Lister berühmt?
a) Antibiotikum
b) Antiseptikum
c) Antikörper
d) Antidepressivum

22. Dr. Edward Jenner ist bekannt, da er ...
a) einem toten Frosch Stromschläge verpasste.
b) einen achtjährigen Jungen absichtlich mit der Pockenkrankheit infizierte.
c) sich seinen eigenen Arm amputierte.
d) die elektrische Glühbirne erfand.

ERDE & NATUR

23. Der chinesische Gelehrte Zhang Heng erfand ein Gerät, das in der Lage war ...
a) nach Süden zu zeigen.
b) Erdbeben zu erkennen.
c) Bilder zu vergrößern.
d) im Dunkeln zu leuchten.

24. Laut Leonardo da Vinci wurden Fossilien in alpinem Gestein gefunden, weil ...
a) Urzeitmenschen sie dort hinbrachten.
b) der frühere Meeresboden sich angehoben hatte.
c) Ozeane einst die gesamte Erde bedeckten.
d) sie ursprünglich vom Himmel fielen.

25. Was setzen Pflanzen bei der Fotosynthese frei, wie der niederländische Botaniker Jan Ingenhousz herausfand?
a) Wasser
b) Kohlenstoffdioxid
c) Sonnenlicht
d) Sauerstoff

Alle korrekten Antworten findest du tatsächlich in diesem Buch!

26. **Was züchtete der österreichische Mönch Gregor Mendel und erkannte daran die Gesetze der Vererbung?**
a) 50.000 Seidenwürmer
b) 29.000 Erbsenpflanzen
c) 17.000 Fruchtfliegen
d) 9.000 vietnamesische Bananen

27. **Was ist *Duria Antiquior*?**
a) Ein Gemälde
b) Ein Buch
c) Eine Skulptur
d) Ein Fluch

28. **Wer entwickelte zur selben Zeit wie Charles Darwin, jedoch unabhängig eine Evolutionstheorie?**
a) Charles Lyell
b) John James Audubon
c) Thomas Huxley
d) Alfred Russel Wallace

29. **Welche der folgenden Gesteinsarten hat James Hutton NICHT beschrieben?**
a) Magmatisches Gestein
b) Ozeanisches Gestein
c) Sedimentgestein
d) Metamorphes Gestein

KONSTRUKTIONEN & ERFINDUNGEN

30. **Was bemerkten die Alten Griechen, als sie Bernstein an einem Stück Stoff rieben?**
a) den Magnetismus
b) die Erosion
c) die elektrostatische Aufladung
d) einen Geist

31. **Welche Erfindung des griechischen Gelehrten Archimedes ermöglichte es, ein Schiff mit einer Hand zu Wasser zu lassen?**
a) Ein Kran
b) Eine Rutsche
c) Ein Seilzug
d) Eine Schraube

32. **Was verbirgt sich hinter dem durch Muskelkraft bewegten *Polyspastos*?**
a) Ein Kran
b) Eine Wasserpumpe
c) Eine Uhr
d) Ein U-Boot

33. **König Heinrich VI. von England war der Erste, der Folgendes gewährte:**
a) Eine Aktie
b) Ein Patent
c) Eine Rente
d) Drei Wünsche

34. **Welches Material wurde in der englischen Grafschaft Cumbria entdeckt, das die Schreib- und Zeichenkunst voranbrachte?**
a) Kreide
b) Öl
c) Graphit
d) Alaun

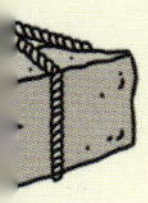

35. **Was ist die Erfindung von Alfred Nobel, Stifter des renommierten Nobelpreises?**
a) Füllfederhalter
b) Verkehrsampel
c) Grammophon
d) Dynamit

TRANSPORT & KOMMUNIKATION

36. **Vor ihren Höhenflügen fertigten und reparierten die Gebrüder Wright als Mechaniker welche Geräte?**
a) Nähmaschinen
b) Fahrräder
c) Schreibmaschinen
d) Rasenmäher

37. **In welcher Stadt ging die erste kommerzielle Magnetschwebebahn in Betrieb?**
a) Tokio
b) Dallas
c) Sydney
d) Birmingham

38. **Wie hieß das erste Überschall-Auto?**
a) Blast
b) Thrash
c) Thrust
d) Bloodhound

39. **Wieviele aktive Dienstjahre absolvierte das Überschallflugzeug Concorde?**
a) 19
b) 27
c) 29
d) 32

40. **John McAdam erfand einen revolutionären Straßenbelag, der unter welchem Namen bekannt wurde?**
a) Makadam
b) Marzipan
c) Makkaroni
d) Marrakesch

41. **Welches Morsezeichen steht für den Buchstaben W?**
a) • – •
b) – – •
c) • • –
d) • – –

42. **Welches Tier nahm NICHT an dem Testflug im Heißluftballon der Gebrüder Montgolfier im September 1783 teil?**
a) Hahn
b) Kaninchen
c) Schaf
d) Ente

43. **Wo testete der Erfinder Edmond Halley seine Taucherglocke?**
a) In einem Schwimmbecken
b) Im Lake Michigan
c) In der Themse
d) In einem Fischteich

HIMMEL & WELTRAUM

44. **Der griechische Gelehrte Aristarchos vertrat die Ansicht, dass ...**
a) sich die Erde um die Sonne dreht.
b) das Universum eine flache Scheibe ist.
c) Jupiter vier Monde hat.
d) die Erde rund ist.

45. **Was sagte der griechisches Philosoph Thales für den 28. Mai 585 v. Chr. voraus?**
a) Eine Sonnenfinsternis
b) Eine Mondfinsternis
c) Ein Erdbeben der Stärke 9,0
d) Einen Tsunami

46. **Was konnte Ulugh Beg mit seinem riesigen Sextanten in seiner Heimatstadt Samarkand exakt messen?**
a) Die Entfernung zwischen Erde und Sonne
b) Die Länge eines Jahres
c) Den Umfang der Erde
d) Die Anzahl der Sterne in der nördlichen Hemisphäre

47. **Das Gegenteil eines Roten Riesen ist:**
a) Die Weiße Elfe
b) Der Weiße Hobbit
c) Die Weiße Fee
d) Der Weiße Zwerg

48. **Wie hieß das erste Lebewesen, das in die Erdumlaufbahn befördert wurde?**
a) Lulu
b) Laika
c) Litva
d) Lolly

49. **Welchen Namen trug das erste Space Shuttle, das 1981 von Cape Canaveral ins Weltall startete?**
a) Atlantis
b) Enterprise
c) Discovery
d) Columbia

50. **Nachdem die Apollo auf dem Mond gelandet war, machte Neil Armstong seinen großen Schritt für die Menschheit nach ...**
a) 30 Minuten
b) 2 Stunden
c) 6 Stunden
d) 1 Tag

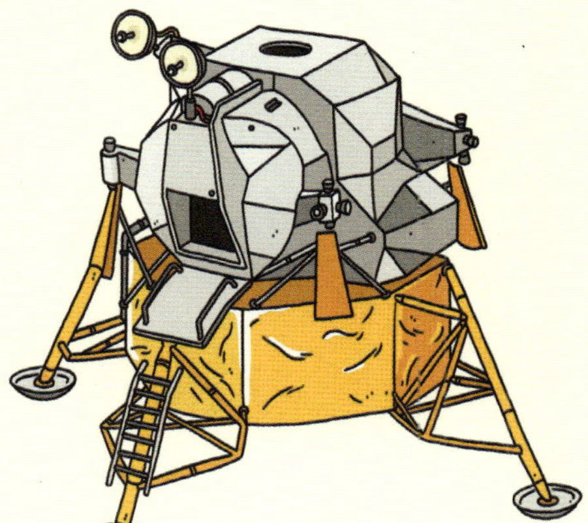

Christopher LLOYD

Der Chronist

Der Historiker Christopher Lloyd studierte Geschichte an der Universität Cambridge. Danach arbeitete er als Wissenschaftsjournalist bei der Wochenzeitung *The Sunday Times* in London. Der Bestseller-Autor hat bislang über 15 Werke zur Weltgeschichte verfasst, darunter *Um alles in der Welt: Die Geschichte der Erde, des Lebens und der Menschen vom Urknall bis zum 21. Jahrhundert* und die Reihe *Timelines*. Lloyd hält regelmäßig Vorträge in Schulen und auf Veranstaltungen.

chris@whatonearthbooks.com

ANDY FORSHAW

Der Illustrator

Der Illustrator Andy Forshaw absolvierte seinen Bachelor-Abschluss in Grafikdesign und Illustration an der Londoner Kunsthochschule Central St. Martins College. 2010 gründeten Forshaw und Lloyd gemeinsam den Verlag *What on Earth Publishing*, um auf völlig neue Weise Jung und Alt für die Weltgeschichte zu begeistern. Forshaw alleine hat seitdem über 5000 Illustrationen für die Reihe *Timelines* erstellt. In seiner Freizeit erkundet er gerne Land und Natur mit dem Fahrrad.

andy@whatonearthbooks.com

Autoren: **Christopher Lloyd** und **Patrick Skipworth**. Illustrator: **Andy Forshaw**. Design: **Will Webb**.

Titel der Originalausgabe: *The Science Timeline Wallbook*

Deutsche Ausgabe veröffentlicht von: White Star Srl, Italien, Lizenznehmer von: National Geographic Partners, LLC.

Übersetzung und Redaktion: Dagmar Brenneisen

ISBN 978-88-540-3844-8
1 2 3 4 5 6 22 21 20 19 18

Gedruckt in China